LK 1845

EXTRAIT DU MONITEUR UNIVERSEL
du 6 et du 8 août 1853.

CHARENTON

AU XVIIe SIÈCLE,

PAR

CH. MARTY-LAVEAUX.

Avant qu'un tel dessein m'entre dans la pensée,
On pourra voir la Seine à la Saint-Jean glacée,
Arnauld, à CHARENTON, devenir huguenot,
Saint-Sorlin janséniste, et Saint-Pavin bigot.

(BOILEAU, *Satire* I.)

PARIS

CHEZ J.-B. DUMOULIN, LIBRAIRE

Quai des Augustins, 13

1853

CHARENTON

AU XVIIᵉ SIÈCLE (1606-1685).

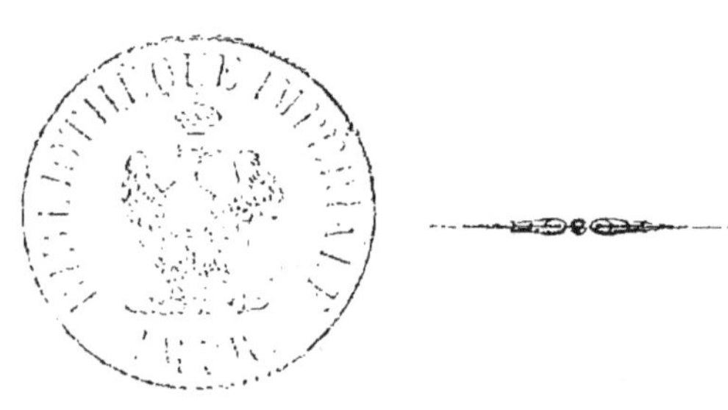

Le nom de Charenton ne réveille généralement qu'une seule idée, celle d'une maison de fous. Peu de gens se reportent à de plus anciens souvenirs, et cherchent à reconstruire par la pensée la célèbre métropole des calvinistes ; les faits abondent, mais ils sont disséminés ; trop anciens pour qu'ils aient pu nous être racontés, trop récents pour qu'il y ait quelque mérite à les recueillir, ils demeurent presque inconnus, et ce chapitre de l'histoire du 17ᵉ siècle est, comme tant d'autres, encore à faire.

Avant de présenter au lecteur les documents que nous avons réunis sur ce sujet, nous devons éclaircir un point de géographie qui pourra bien

> Aux Saumaises futurs préparer des tortures.

Légalement, il n'y a plus d'autre Charenton que Charenton-le-Pont si célèbre dans notre histoire comme position militaire, et qui, en 1814, fut défendu avec tant de courage par les élèves de l'école d'Alfort.

Les fous ne sont plus à Charenton. Ils n'ont pas pour cela changé de résidence, mais leur résidence a changé de nom.

L'endroit où est située la maison de santé se nommait depuis un temps immémorial Charenton-Saint-Maurice, et, pour abréger, Charenton ; les habitants, alarmés sans doute de l'expression proverbiale qui se rattachait au nom de leur village, obtinrent , le 25 décembre 1842 , l'autorisation de l'appeler simplement Saint-Maurice. Ainsi, ce qui est Charenton pour l'habitant de Paris, est Saint-Maurice pour l'habitant de Charenton. Pascal avait bien raison de dire qu'un méridien décide de la vérité.

Lorsqu'on est entré dans la rue principale ou, pour mieux dire, dans la seule rue de Charenton-Saint-Maurice, on trouve bientôt à droite un moulin à eau établi là depuis plusieurs siècles ; en face est la ruelle du val d'Osne qui rejoint le parc de Vincennes ; au coin de la rue et de la ruelle, une tourelle ; derrière, une charmante maison, gaie, riante, pleine d'enfants et d'oiseaux, une de ces maisons où l'on ne vient que pour se divertir, pour recevoir ses amis, et où il semble que personne n'a pleuré, que personne n'est mort. Il a fallu cependant bien des révolutions successives afin que ces enfants aient cette grande place libre pour jouer au volant et au cerceau. Ce petit coin de terre a en son temps préoccupé le monde, il a eu ses disputes théologiques, ses émeutes, ses désastres ; il a inspiré un poëme épique imité de l'*Enéide*, comme tous nos poëmes épiques français ; il y a même, tout près de la tourelle, un gros orme appelé l'*Arbre des martyrs*, qui a sa légende particulière, et au pied duquel, dit-on, une multitude de protestants ont été massacrés. Le nombre des victimes varie de 200 à 1,000, suivant le narrateur, mais le fond du récit reste le même. Il serait bien difficile de deviner ce qui a pu y donner lieu. A cette époque, on ne commit point dans les environs de Paris de si horribles cruautés. D'ailleurs l'arbre lui-même n'existait pas alors, car il ne figure point dans une gravure des plus fidèles où l'on distingue parfaitement la tourelle subsistant encore aujourd'hui, et qui formait autrefois l'encoignure de l'enclos au milieu duquel se trouvait le temple.

I.

Certaines prédilections des religionnaires, indiscrètement révélées à l'avance, engagèrent de bonne heure le seigneur de Charenton à prendre toutes les précautions possibles pour empêcher l'exercice de leur culte dans son domaine. Au mois de mai 1576, un édit leur ayant permis de s'établir à deux lieues de Paris, il eut soin de faire spécifier une exception en sa faveur. Dans le courant des années suivantes, il parut définitivement décidé que les protestants ne pourraient s'établir qu'à dix lieues de la capitale. Cette jurisprudence fut confirmée d'une manière éclatante par la déclaration qu'Henri IV donna pour la réduction de la ville de Paris au mois de mars 1594.

En 1598, l'édit de Nantes vint tout changer. Bien qu'il n'autorisât l'exercice du culte protestant qu'à une distance de 5 lieues de Paris, il était facile de prévoir que le roi, si naturellement porté à la bienveillance envers tous ses sujets, accorderait quelque faveur spéciale à d'anciens coreligionnaires. Toutefois, leurs réclamations restèrent longtemps sans résultat.

Quoiqu'on se fût déjà relâché de l'observation rigoureuse de l'édit, en leur permettant de s'établir à une distance de moins de 4 lieues de Paris, ils se plaignaient, en ces termes, de l'éloignement de leur temple, dans un cahier présenté au roi en 1601, et que M. Charles Read a eu l'obligeance de nous communiquer, ainsi que plusieurs autres pièces rapportées dans le courant de cette notice :

« Pour ce que les habitants de la ville de Paris et des environs faisant profession de la R. P. R. et en ayant l'exercice au lieu d'Ablon, estant contraints d'y faire porter leurs enfants pour estre baptisés, les exposent en apparent danger de mort, tant pour la longueur et incommodité du chemin que à cause des grandes froidures de l'hiver et chaleurs de l'esté, dont il est advenu que plusieurs desdits enfants, jusques au nombre de 40, ont esté l'hiver passé misérablement esteints et suffoqués, et que d'ailleurs les hommes sexagénaires, femmes grosses, petits enfants et les valétudinaires sont privés dudict exercice, est Sa Majesté suppliée d'incliner paternellement aux treshumbles remonstrances qui luy ont esté faites par l'Eglise de Paris, octroyant ledit exercice en quelque lieu plus proche et commode aux susdictes personnes. »

La réponse du conseil, datée du 18 septembre et signée *Bellièvre*, est ainsi conçue : « Ne peut estre rien changé en l'édict. »

Cependant les réclamations continuèrent et devinrent si vives que, le 1er août 1606, Henri IV adressa les lettres patentes suivantes à M. de Châteauneuf et au président Jeannin :

« Vous ayant cy devant commis pour voir et visiter les villages d'Ivry et de Charenton-Saint-Maurice qui nous avoient esté nommez par nos sujets de la religion prétendue réformée résidant en nostre bonne ville de Paris, avec supplication de leur accorder l'un d'iceux pour y mettre l'exercice de leur religion au lieu de celui d'Ablon qui est tant esloigné de ladicte ville qu'ils ne peuvent aller ny revenir en un jour, mesme (*surtout*) en temps d'hyver, qu'avec grande incommodité, ny y porter leurs enfants pour les y faire visiter sans péril, en les exposant à l'injure de l'air par un si grand chemin ; et depuis, ouy sur ce vostre rapport, nous avons ordonné, pour aucunes bonnes causes et considérations, que ledict exercice serait transféré dudict lieu d'Ablon en celuy dudit Charenton-Saint-Maurice. A ces causes, nous vous avons derechef commis et deputez, commettons et deputons par ces présentes, pour vous transporter audict village de Charenton-Saint-Maurice, afin d'y establir ledict exercice aux lieux et endroits que vous jugerez les plus commodes... »

Le 23 du même mois, Guillaume de l'Aubépine, seigneur de Châteauneuf-sur-Cher, conseiller du roi, transporte, par acte passé par-devant Simon Moufle et Jean-François, notaires au Châtelet, l'hôtel de la Rivière, situé à Charenton-Saint-Maurice, acheté par lui au prix de 7,000 livres tournois et à la condition de foi et hommage, à Gilles Maupeou, qui déclare agir pour les protestants et fait un nouveau transport en leur faveur. Le 26, MM. de Châteauneuf et Jeannin procèdent à l'établissement de l'exercice de la religion protestante, font connaître leurs pouvoirs au seigneur, et lui défendent toute opposition.

Dès le lendemain, les protestants, avides d'exercer leurs nouveaux droits, s'assemblèrent au nombre d'environ trois mille ; cependant l'acte de leur établissement n'était pas revêtu des formalités nécessaires, il n'était pas même enregistré : il n'en fallait pas tant pour servir de prétexte à une sédition. Le lieutenant criminel avait reçu l'ordre de se trouver sur le chemin de Charenton lorsque les religionnaires en reviendraient ; mais il avait craint, ainsi que le chevalier du Guet, de leur prêter main-forte sans l'autorisation du parlement ; par bonheur, Henri IV, prévenu à temps de l'émeute, vint aussitôt la réprimer lui-même. Il avait sur le peuple cet ascendant qu'exerce toujours un prince appelé par la volonté nationale, lorsqu'il a su déjouer les intrigues des politiques, vaincre l'opposition des rebelles, et se montrer digne du trône avant même de l'avoir occupé. L'un des premiers en France, il eut le don de ces mots qui animent ou calment la foule et que la postérité recueille avidement. Les siens brillent surtout par une sorte de bienveillance malicieuse, et par cette verve gasconne qui cache à propos la fermeté sous la raillerie. C'est sans doute dans cette sédition, apaisée sur-le-champ par lui, qu'il fit la réponse spirituelle que nous trouvons dans une pièce publiée en 1628 sous le titre de l'*Anti-Anglois*.

Comme les Parisiens rappelaient à Sa Majesté l'article de son édit en vertu duquel les protestants ne pouvaient s'établir qu'à cinq lieues de la capitale, « elle les contenta d'une réplique prompte qu'elle leur fit en sousriant, que, pour ne manquer à ses promesses, il falloit désormais conter (*sic*) cinq lieues de Paris à Charenton. »

Le peuple était calmé, mais le seigneur de Charenton ne l'était point, et il fallut de nouveaux ordres du roi pour qu'il acceptât, le 4 octobre, la promesse de foi et hommage des protestants, et qu'il reçût à titre d'homme vivant et mourant le nommé Nicolas Bigot qui lui fut présenté par eux. Lorsqu'en 1610 un brevet de confirmation leur fut accordé par Louis XIII, le seigneur intervint encore afin d'empêcher que cette pièce fût revêtue de toutes les formalités nécessaires ; enfin, en 1619, il parvint, avec le concours de l'université de Paris, à empêcher l'établissement d'un collége de philosophie et de théologie qui devait être dirigé par le savant Ecossais Gautier Donaldson.

Pendant plusieurs années, l'opposition à laquelle les protestants étaient en butte se maintint dans des bornes légales, et ils ne furent exposés à aucune violence ; mais, en 1621, on vit éclater contre eux une insurrection fort grave, que le duc de Montbazon, chargé de la répression du désordre, raconte en ces

termes au premier président du parlement de Normandie :

« Monsieur,

« Sur l'advis qui me fut donné samedy dernier au soir
que quelques serviteurs et créanciers de feu monsieur le
duc de Mayenne se vantoient de vanger sa mort sur ceux de
la religion prétendue réformée lorsqu'ils yroient ou revien-
droient du presche, j'adverty les magistrats de se tenir hier
au matin, jour de dimanche, en la ruë Saint-Anthoine et autres lieux par où ils pouvoient passer pour aller à Charanton, affin d'empescher qu'il ne leur fust faict aucun déplai-
sir, et mesme donné (*sic*) ordre que le chevalier du guet et
de mes gardes fussent à la campaigne pour les escorter à leur
retour. Mais tout cela n'empescha pas qu'il ne s'assemblast
entre-cy et Charanton plus de quatre mil hommes, outre
plus de deux mil, qui estoient couchez sur le ventre dans
les vignes dès la nuict, qui attaquent ceux de ladicte religion au retour de leur second presche, sur les deux heures
après midy, de telle sorte que si je n'y fusse allé au gallop,
il y fust mort plus de deux mil personnes; mais Dieu m'y
assista tellement qu'il n'en a esté tué que quatre ou cinq,
tant catholiques que huguenots. Ce tumulte estant appaisé,
pendant que je revins en ceste ville pour y donner l'ordre
nécessaire à sa conservation, il se coulla environ deux mil
personnes à Charanton, qui ont bruslé le temple. Dont j'ay
creu vous devoir donner advis, affin que comme chose faicte
contre le voulloir et intention de Sa Majesté, vous puissiez
tenir la main que tel désordre n'arrive au lieu où vous
estes, en faisant soigneusement observer les édicts de sadicte
Majesté sur ce faicts. A quoi sçachant que vous n'oublirez rien,
je ne vous en diray davantage que pour vous asseurer que je
suis, monsieur, vostre serviteur bien humble.

« H. DE ROHAN. » (1).

-----

(1) *Lettre envoyée par monsieur le duc de Montbazon à monsieur
le premier président du parlement de Normandie, sur le tumulte
arrivé à Charanton.* Rouen, Martin le Mégissier, 1621, in-8°.

Ce désastre n'abattit pas le courage des protestants; ils résolurent de remplacer le bâtiment fort simple qui avait été détruit par un temple magnifique, et Jacques de Brosse, déjà connu à cette époque par la construction du palais du Luxembourg et du nouveau portique de l'église Saint-Gervais, fut chargé de l'exécution de ce monument.

Pendant que l'on construisait ce temple, l'exercice de la religion réformée continuait à Charenton. Le synode national y fut même tenu pour la première fois au mois de septembre 1623. Cette assemblée députa vers le roi les sieurs Cottibi, pasteur, et Dubois Saint-Martin, ancien, pour demander le retour de Dumoulin, ministre de Charenton, et son rétablissement dans ses fonctions. Le roi leur fit répondre par le chancelier que, pour plusieurs raisons, il ne voulait autoriser Dumoulin à rentrer dans le royaume qu'à la condition qu'il n'y exercerait pas l'office pastoral; mais comme rien n'indiquait d'ailleurs que la défense fût perpétuelle, le synode tenu à Castres en 1626 renouvela cette demande, et Dumoulin lui-même y prit part. « Sa Majesté étant importunée de tous les côtés, dit le rédacteur du procès-verbal, nous accorda enfin ce que nous lui demandions avec beaucoup d'empressement. » Cela ne rassura point Dumoulin, car il ne profita pas de la grâce qu'on lui faisait. Il sentait sans doute que Louis XIII, ou plutôt Richelieu, ne lui pardonnerait jamais complétement ses fautes.

Son caractère entreprenant lui avait attiré de nombreux ennemis; quelques-uns d'entre eux s'efforçaient de le ridiculiser à l'aide des quolibets auxquels son nom se prêtait si facilement; chaque jour il paraissait une nouvelle brochure contre lui. Tantôt c'était *le Moulin de Charenton sans farine*, tantôt les *Rencontres et imaginations de Rabelais contre le moulin et les moulinets de Charenton*. En même temps, des adversaires plus sérieux faisaient habilement ressortir ce que sa conduite avait de blâmable. Dans une lettre écrite au roi par les quatre ministres

de Charenton en 1617, et dont il est considéré comme
le principal auteur, il se plaint de ce que les protestants « ont porté Henry le Grand à la poincte de l'é-
pée au royaume malgré les ennemis de l'Estat, desquels
travaux, pertes et dangers d'autres qu'eux en cueillent
le salaire. » Il avait fait afficher aux portes des églises
de Paris, dans la nuit, des placards intitulés *le Grand
jubilé et pardon général pour la rémission des péchez
pour tous vrays chrétiens*, ce qui fait dire, non sans
raison, à l'auteur de la *Response au prétendu jubilé de
Charanton* :

« Que ne paroissez-vous avec le porte-colle pour soutenir
ce que vous faictes attacher ; rendre raison de ce qui vous
a meuz de les poser contre des lieux saincts et sacrez, en
une ville si magnifique, et non pas en vostre temple de Charanton ? Que seroit-ce si contre votre temple on alloit afficher des choses qui vous fussent préjudiciables ? »

Enfin, dans une pièce intitulée *les Procédures du
ministre Dumoulin, depuis son départ de Paris, contre la déclaration du roi*, on lui reproche de crier à
la persécution et d'être un des députés de Paris pour
les assemblées défendues, notamment pour celle de La
Rochelle. Rien de tout cela cependant ne l'engagea à
quitter la France; Aymon seul, dans le recueil de
Tous les synodes nationaux des églises réformées,
nous apprend la véritable cause de son départ. Au
moment où Richelieu menaçait le plus les protestants, ce pasteur écrivit à Jacques Ier que les yeux
de toutes les Eglises réformées étaient sur lui pour
implorer son secours dans leur détresse. Le duc de
Buckingham envoya cette lettre au roi de France,
qui donna sur-le-champ l'ordre d'arrêter Dumoulin;
mais celui-ci, prévenu à temps par des amis qu'il
avait à la cour, se réfugia dans la ville de Sédan,
qu'il n'osa plus quitter, et où il mourut en 1650, à
l'âge de quatre-vingt-dix ans.

II.

Le nouveau temple fut achevé en 1624. Eustache Lenoble, auteur d'un poëme sur Charenton, dont nous aurons occasion de parler en détail, en décrit ainsi l'aspect général et la situation :

Dans cet endroit fertile, où la Marne promène
Une eau preste à grossir les ondes de la Seine,
Du bourg de Charanton se fait voir séparé,
Sur la panchante rive un bastiment quarré;
Deux files de tilleuls sous leur ombre touffue
S'efforcent aux passants d'en dérober la vue ;
Mais plus haut dans les airs l'orgueilleuse Babel
Aux mépris des autels va braver l'Eternel.
. . . .
. . . .
Au faux temple se joint une salle secrète
Des supposts de la secte ordinaire retraite,
Consistoire, où jamais en conseil l'on ne met
Qn'intérest politique, et chagrin inquiet.
Là, d'un sçavant pinceau sur les quatre murailles,
A fresque et du grand goût sont peintes les batailles
Que, sous Charle autrefois, pour détruire la foy,
La secte osa tenter contre son propre roy.

Le poëte s'étend avec complaisance sur ces tableaux, qu'il a évidemment supposés afin de pouvoir les décrire. Aussi Jamet, qui aimait tant à annoter les livres et surtout à relever aigrement un mensonge ou une erreur, a-t-il écrit en marge d'un exemplaire qui lui a appartenu : « Ne croire pas un mot de ce discours pittoresque. »

C'est encore par pure licence poétique qu'Eustache Lenoble nous représente le consistoire comme ne

s'occupant que d'intérêts politiques; il avait beaucoup
de fonctions tout à la fois plus humbles et plus utiles :
Il assistait les pauvres, soignait les malades, recueil-
lait les orphelins. L'anecdote suivante, racontée par
Tallemant des Réaux, à qui du reste nous en laissons,
bien entendu, toute la responsabilité, suffirait pour
prouver l'exactitude de cette assertion.

« Une fille qui avoit été élevée comme orpheline par l'E-
glise de Charenton, s'en alla au consistoire et leur dit :
Messieurs, j'ai lu dans saint Paul qu'il vaut mieux se marier
que de brûler ; s'il vous plaît de me donner un mari. »

L'historiette, sans doute controuvée, sert du moins
à nous faire apprécier les occupations habituelles de
cette assemblée , trop exclusivement représentée par
les protestants comme une sorte de majestueux con-
cile, et par les catholiques comme un foyer perma-
nent de complots ; quant à la jeune fille qui n'ouvre la
bouche que pour citer saint Paul à l'appui de son dé-
sir, c'est un de ces traits satiriques délicats et détour-
nés qui ne doivent pas surprendre de la part de Tallemant des Réaux.

Quatre-vingt-une fenêtres éclairaient ce temple.
Celles du rez-de-chaussée étaient carrées ; celles
des deux étages supérieurs , réunies extérieurement
par des embrasures communes, se terminaient en
plein cintre. Vingt colonnes doriques, traversant les
galeries du premier étage, supportaient celles du second ; elles étaient surmontées par un nombre égal
de piliers sur lesquels s'appuyait la voûte ; à ses deux
extrémités se trouvaient les tables de l'Ancien Testa-
ment et du Nouveau, écrites en or sur fond bleu. Cet
édifice, qui avait 104 pieds de long et 66 de large à
l'intérieur pouvait, dit-on, contenir 14,000 personnes.
L'abbé Lebeuf ajoute qu'une foule si considérable
trouvait place seulement dans les portions garnies de
menuiseries sans que les couloirs ni les passages se
trouvassent occupés. Après le consistoire, le long de

la rue de Charenton-Saint-Maurice se trouvaient deux cimetières ; l'un d'eux était réservé aux gens de qualité. Il y avait près du temple une bibliothèque, une imprimerie et des boutiques de libraires, principalement pour les livres dogmatiques dont on ne souffrait la publication que dans les endroits où les protestants étaient autorisés à exercer leur culte. Ils étaient, pour ainsi dire, les maîtres de ce pays, et y faisaient chaque jour de nouveaux prosélytes. Nous lisons dans un *Mémoire touchant les moyens dont se servent les religieuses hospitalières envoyées depuis peu à Charanton... pour empescher que ceux de la religion prétendue réformée ne continuent d'y pervertir les catholiques...* : « Autrefois toute la paroisse de Charanton-Saint-Maurice estoit catholique ; maintenant il n'y en a plus qu'un quart, ceux de la R. P. R. ayant perverty les trois autres. »

Les dimanches et les jeudis, l'aspect des environs de Charenton était des plus animés ; dès le matin, plus de deux cents catholiques pauvres retenaient des places au temple. Malgré son étendue, il était presque toujours plein ; les jours de cène, il ne pouvait suffire ; on établissait alors dans la cour un prêche supplémentaire en plein air.

De tous côtés, les mendiants affluaient sur les chemins par lesquels les religionnaires devaient venir ; mais, comme le remarque Tallemant, ils ne demandaient qu'au nom de Dieu et de Notre-Seigneur, jamais au nom de la Vierge ni des saints. Bientôt les protestants arrivaient en foule, ceux-ci en voiture, ceux-là par un coche établi pour leur usage, d'autres enfin dans une infinité de petits bateaux ; les plus ardents discutaient en chemin sur les points principaux de leur religion, ce qui occasionnait parfois des querelles avec les catholiques ; presque tous entonnaient à haute voix les psaumes le long de la route, et souvent même, comme le prouvent les défenses que fit à ce sujet le bailli de Charenton, ils se réunissaient par groupes d'une centaine, et chantaient encore à neuf ou dix heures du soir dans les prairies arrosées par la Marne.

Les ministres les plus instruits et les plus éloquents briguaient l'honneur d'être attachés à ce temple. On y vit à la fois Drelincourt, dont Balzac disait : *Cum talis sis utinam noster esses;* Jean Daillé, aussi aimable qu'érudit, et Mestrezat, véritable enfant gâté de nos cardinaux. Un jour, Richelieu, dans un accès d'enjouement, alla presque jusqu'à le féliciter de sa fermeté, et, lui frappant légèrement sur l'épaule, il dit au roi : « Voilà bien le plus hardi ministre de France. » Retz, au contraire, vante dans ses *Mémoires* la modération de ce pasteur, et se montre sincèrement reconnaissant envers lui, à cause de la délicatesse avec laquelle il avait évité de l'embarrasser touchant l'autorité du pape dans une conférence faite devant le nonce, et plus encore, peut-être, à cause de cette réflexion malignement bienveillante : « Il n'est pas juste d'empêcher M. l'abbé de Retz d'être cardinal. »

Ces ministres eurent pour adversaire un homme d'un incontestable talent, mais d'un caractère bien singulier. François Véron portait dans la dispute une ardeur presque militaire ; les comptes rendus de ses conférences ressemblent aux rapports d'un général d'armée. C'est tantôt *la Deffaicte de dix-neuf ministres et leurs dépouilles mises aux pieds du roi ;* tantôt la *Relation du voyage au Languedoc du P. Véron, envoyé du roy pour la réduction des devoyez, ou combats victorieux pour la religion catholique....* Malheureusement, François Véron n'avait point cette douceur et cette inépuisable charité qui lui auraient été indispensables pour profiter de ses victoires ; il possédait le talent de convaincre, mais n'avait pas le don de persuader. Autorisé d'abord, par lettres patentes du 19 mars 1622, à prêcher sur les places publiques, nommé plus tard curé de Charenton-Saint-Maurice, afin d'avoir une occasion continuelle de contrôler les doctrines qu'on y défendait, il ne parvint pas à opérer des conversions aussi nombreuses que son talent l'avait fait espérer.

« La sagacité de son esprit, son humeur caustique et mordante, dit M. l'abbé Faillon (1), lui fournissaient les à-propos les plus piquants et les réparties les plus humiliantes pour les ministres, en sorte qu'ils sortaient toujours de ces disputes plus irrités qu'auparavant ; et plusieurs, par la crainte de perdre toute considération pour leur secte, refusaient d'entrer en lice avec lui, ou même prenaient la fuite en apprenant son approche. En effet, le Père Véron les ménageait si peu, qu'après les avoir réduits au silence par le moyen de sa méthode, il faisait dresser, en présence des témoins des deux partis et par des notaires publics, toujours présents à ces disputes, un procès-verbal bien circonstancié de la défaite des ministres ; et, après l'avoir fait souscrire par tous les témoins catholiques et calvinistes, il en répandait des copies imprimées, et les faisait encore afficher partout dans les environs. »

On ne doit pas s'étonner de voir dans de pareilles circonstances la discussion s'égarer de part et d'autre en personnalités souvent grossières. Véron publiait *La corneille de Charenton dépouillée des plumes des oiseaux de Genève et de Sedan ;* Mestrezat y répondait par *Le hibou des Jésuites…* Jusqu'à la mort de Véron, qui eut lieu le 6 décembre 1649, les plus hautes questions religieuses furent ainsi traitées chaque jour dans un style presque burlesque, afin de réveiller l'attention du lecteur, qu'on ne savait pas encore captiver par l'intérêt si puissant du sujet comme le firent depuis Bossuet et Claude.

Au commencement de cette année 1649, des événements de la plus haute importance se passèrent à Charenton. Ce fut le 8 février que le grand Condé parvint, après trois combats meurtriers, à s'emparer

______

(1) *Vie de M. Olier*, t. I, p. 523.

du pont, défendu par trois mille frondeurs comman-
dés par le marquis de Clanleu, qui périt dans l'action
et fut enterré au couvent des Carmes, dans le village
des Carrières. Les protestants, qui avaient une si
grande influence dans le bourg attaqué par l'armée
royale, n'en usèrent point en faveur de la Fronde. En
général, ils ne prirent aucune part à ces troubles ;
Mazarin connaissait leur conduite prudente et leur en
savait gré : « Je n'ai point à me plaindre du petit
troupeau, disait-il ; s'il broute de mauvaises herbes,
du moins il ne s'écarte pas (1). »

Cette réserve des protestants explique pourquoi
nous manquons, pour le sujet qui nous occupe, de
documents relatifs à cette époque. Nous trouvons seulement dans les *Registres de l'Hôtel-de-Ville de Paris*,
publiés par MM. Leroux de Lincy et Douët d'Arcq,
un ordre des prévôts des marchands et échevins de la
ville de Paris, daté du 3 avril 1649, quelques jours
après la paix de Saint-Germain, qui prescrit aux officiers commandant les gardes des portes Saint-Antoine, Saint-Bernard, Saint-Victor et Saint-Marcel, de
laisser circuler le lendemain les réformés allant à Charenton et de les protéger en cas de besoin.

L'Église de Paris, toujours à la recherche des pré-
dicateurs célèbres, voulut s'attacher Alexandre Morus.
Il possédait cette éloquence ingénieuse et mordante
qui ne passe point dans les écrits et ne survit pas au
temps, mais qui produit une impression d'autant plus
vive qu'elle est toute de circonstance. Ses défauts lui
servirent beaucoup. Ses petits traits de subtilité, ses
morismes, comme les appelle Bayle, le mirent à la
mode. Quant aux plaisanteries qu'il débitait volontiers
contre tout le monde, même contre ses propres confrères, tout en contribuant à le faire connaître, elles
lui avaient suscité de véritables persécutions auxquelles

---

(1) *Histoire des réfugiés protestants*, par M. Ch. Weiss, t. I,
p. 55.

sa conduite irrégulière fournissait un perpétuel prétexte. Obligé de quitter Genève pour la Hollande, il
commençait à être inquiété dans ce pays. Cela le dé-
cida, sans doute, à l'abandonner définitivement. Au
mois de mai 1659, il fut nommé ministre de l'Église de
Paris par le synode de l'Ile-de-France ; les membres
du consistoire lui confirmèrent ce titre ; mais ses
adversaires appelèrent de cette décision au synode
de Loudun, qui maintint la nomination du nouveau
pasteur, et le déclara « innocent de tous les crimes
qu'on lui avoit imputés. » Dans le procès-verbal
d'une séance postérieure, l'assemblée explique que,
« par ces crimes atroces, elle avoit entendu toutes
sortes de matières qui avoient du rapport à la pureté de la vie et des mœurs dudit Morus. » Du reste,
bien qu'on le déclarât absous, « on l'avertit de prendre garde particulièrement de n'offenser personne par
ses discours ni par ses écrits, et de travailler autant qu'il pourroit à conserver la paix, de se remettre
bien avec un chacun et même avec ceux qui avoient
des sentiments contraires aux siens, et de tâcher de
gagner derechef l'amitié de ceux qui s'étoient aliénés
de lui. »

Morus semble n'avoir guère profité de cette indul-
gence et de ces bons conseils, car, au mois de septembre 1661, de nouvelles plaintes très-vives furent
adressées contre lui au consistoire. Espérant qu'une
absence momentanée suffirait pour faire taire ses ennemis, il demanda un congé, partit pour l'Angleterre
au mois de décembre, et n'en revint qu'en juin
1662 ; mais, dès le lundi 10 juillet, il lui fut défendu de prêcher, et il fut cité au dimanche suivant
pour se justifier. Au jour dit, un assez grand nombre de mousquetaires protestants, assistés de menu
peuple, occupèrent les avenues et les degrés de la
chaire, repoussèrent avec violence Adrien Daillé qui
essayait d'y monter, et voulurent y porter Morus. Il
s'ensuivit un effroyable désordre, le prêche ne put avoir
lieu, et tous les protestants qui servaient dans les compa-

gnies de mousquetaires furent cassés le lendemain. A la suite de cet événement, le colloque des églises réformées de France, tenu à Charenton le 10 août 1662, suspendit Morus pour une année entière. C'est sans doute à cette occasion que furent écrits les vers suivants, tirés du poëme intitulé *Paris ridicule*, qui se trouve à la suite du *Tableau de la vie et du gouvernement de messieurs les cardinaux Richelieu et Mazarin.*

> Puisqu'il fait si mauvais sur terre,
> Cherchons fortune sur les eaux.
> Où vont tous ces petits bateaux?
> Font-ils voile pour l'Angleterre?
> En veulent-ils aux Dunkerquois?
> Ou sur le lac des Genevois
> Vont-ils à la pesche aux macreuses?
> Ou ne sont-ce point, que sçait-on?
> La flotte des brebis galeuses
> Qui vont au presche à Charenton?
> Nous avons trouvé la cachette;
> Elles sont en habit décent;
> Hé, de grâce, un mot en passant:
> Comment va la boëtte à Pérette?
> Que dit-on du seigneur Morus?
> N'évangélisera-t-il plus?
> Le renvoyrez-vous en Hollande?

Après beaucoup d'autres différends, Morus fut enfin officiellement réconcilié avec son Église le 6 juillet 1664, en vertu d'une décision du synode de Berry, tenu à Sancerre le 8 mai de la même année. Cette réconciliation eut lieu par l'entremise de Jacques Gantois. J'ignore si elle fut sincère, mais du moins elle fut durable, car, à partir de ce moment, il n'est plus question nulle part de discussions nouvelles.

III.

En 1666, le temple de Charenton fut dirigé par le plus remarquable ministre qu'il ait jamais possédé, peut-être même par le calviniste le plus éminent qu'ait produit tout le 17ᵉ siècle. Il fallait un véritable génie pour soutenir avec autant d'éclat que Claude une lutte suivie contre Arnauld et Bossuet ; nul ne peut lui refuser son admiration ; plus ses adversaires sont persuadés de l'infériorité de sa cause, plus ils doivent s'étonner du talent avec lequel il l'a défendue.

Nous avons trouvé aux archives un *Mémoire sur la conduite que tient à Montauban le sieur Claude.* C'est un véritable rapport de police, daté de 1665, et fait, suivant toute apparence, au moment où les membres du consistoire de l'Église de Paris voulurent s'attacher ce célèbre ministre. On y explique ainsi l'origine de sa liaison avec eux :

« Il a un grand commerce avec les ministres de Charanton, à l'occasion d'une response qu'ils font sous son nom à un livre de M. Arnaud intitulé *La perpétuité de la foy de l'Eucharistie dans l'Eglise,* et par tous les ordinaires les ministres de Charanton luy envoient des feuilles de cet ouvrage qu'il lit dans les assemblées nocturnes où s'assemblent les principaux huguenots, et après la lecture de ces feuilles, il encourage les auditeurs à la souffrance de toutes choses pour sa doctrine, et leur persuade que ce livre fermera la bouche aux plus sçavans catholiques. »

Ce rapport, qui paraît au fond assez fidèle, est rempli d'inculpations analogues à celles qui avaient été dirigées contre Dumoulin, et représente à bon droit Claude comme un personnage bien autrement dangereux. Comment la cour autorisa-t-elle l'établissement près de Paris d'un homme si redoutable, banni du Languedoc, à peine toléré à Montauban, et cela à une époque où on laissait chaque jour moins de liberté aux religionnaires? Nous ne possédons pas assez de documents pour résoudre ce problème d'une manière certaine, mais il est permis de supposer que ce fut comme adversaire d'Arnauld que Claude obtint une si grande faveur; ce qui le ferait croire, c'est que, suivant Ladevèze, son biographe, lorsque les partisans d'Arnauld avaient fait suspendre l'impression de la réponse au second traité de l'Eucharistie, ses ennemis, n'hésitant pas à protéger le protestant contre le janséniste, étaient parvenus à faire lever toutes les oppositions.

Claude n'était pas moins habile comme prédicateur que comme controversiste; il s'adressait souvent au cœur de ceux qui l'écoutaient et animait à force d'éloquence cette explication de texte, trop libre pour un commentaire, trop littérale pour un sermon, auquel l'usage général de cette époque condamnait la chaire protestante.

Son triomphe était d'autant plus flatteur qu'il avait à lutter contre bien des imperfections physiques. L'anecdote suivante, que nous raconte Ladevèze sur l'effet que produisit à Castres une prédication du savant ministre, montre à quel point il savait se les faire pardonner :

« Il y prêcha un jour de dimanche et remplit tout son auditoire d'admiration, jusques là qu'il donna lieu à une déclaration assez particulière, qu'un très-habile homme fit en sa faveur..... On parloit, dans une fort bonne compagnie, du sermon de M. Claude; il y avoit des dames qui en disoient leur advis, les plus éclairées en étoient très-satisfaites, il y en avoit quelques autres de l'ordre de celles qui s'attachent trop à la voix, au visage et à l'action du prédicateur, qui n'osoient pas dire si ouvertement leur pensée, et qui attendoient à se déterminer sur ce que cet honnête homme diroit; je suis persuadé qu'elles n'espéroient pas une réponse si forte, lorsqu'elles entendirent qu'il disoit qu'il voudroit de tout son cœur n'avoir qu'un œil comme ce ministre, pourvu qu'il fût capable de prêcher aussi bien que lui. »

N'oublions pas une circonstance qui double le prix d'un pareil témoignage, c'est que, suivant Ladevèze, ce gentilhomme était d'ailleurs très-bien fait de sa personne. Alexandre Morus était loin de se montrer aussi enthousiaste ; tout en rendant pleine justice à son illustre confrère, il ne pouvait s'empêcher d'accompagner d'un peu de moquerie la louange, même la plus légitime ; aussi, dès qu'on parla d'appeler Claude à Charenton, il dit sur-le-champ : « Il aura toutes les voix pour lui, hormis la sienne. »

Tout, du reste, a contribué à la célébrité de Claude. Supérieur à ses collègues par son éloquence, digne adversaire des théologiens les plus illustres, il n'aurait pas toutefois laissé un souvenir aussi durable s'il eût exercé plus tôt son ministère: mais les circonstances difficiles au milieu desquelles il vécut lui fournirent de nombreuses occasions de montrer que la noblesse de son caractère égalait l'éclat de son talent. Sa soumission aux ordres du roi et en même temps la vigilance éclairée avec laquelle il essayait de détourner ou du moins d'affaiblir les coups dont ses frères étaient menacés, nous font apercevoir en lui un de ces rares politiques pleins de modestie et de douceur, qui, au lieu d'employer leur habileté à jouer un rôle brillant dans le monde, ne songent qu'à utiliser au profit de leurs partisans l'influence qu'ils ont su acquérir par leur mérite et leurs vertus.

Le consistoire de Charenton, s'efforçant de conjurer l'orage, chercha en 1670 à s'adjoindre le pasteur Pierre du Bosc, qui pouvait être d'autant plus utile à l'Eglise de Paris, que sa facilité d'élocution et la noblesse de sa démarche lui avaient concilié la bienveillance de Louis XIV, si sensible aux avantages extérieurs ; mais de puissantes influences l'empêchèrent de s'établir si près de la capitale.

Dès que le mauvais vouloir de la cour à l'égard des protestants fut manifeste, de coupables entreprises eurent lieu contre les édifices où ils se réunissaient. Un arrêt du conseil du 1er septembre 1671 nous apprend que le 27 août de la même année, dans la nuit du jeudi au vendredi, on essaya d'incendier le temple de Charenton : « Il y avoit eu deux boutiques joignant ledict temple brûlées, desquelles on avoit tiré des tables enflammées que l'on avoit jetées dans ledit temple par les fenêtres qui avoient esté brisées. » Ce fut la cloche des frères de la Charité qui répandit l'alarme. Les Suisses, alors en garnison à Charenton, furent éveillés les premiers et parvinrent à éteindre le feu, mais non pas à saisir les incendiaires. Trois d'entre eux traversèrent l'eau et un quatrième se sauva vers Saint-Mandé. Un boucher du bourg qui se vanta d'avoir pris part à cette entreprise fut seul mis en prison. Quelques jours après, une nouvelle tentative eut lieu; mais cette fois on faisait bonne garde dans l'enclos du temple ; on tira sur ceux qui cherchaient à s'y introduire, et l'un d'entre eux fut blessé et transporté par ses camarades au couvent de la Charité. A la suite de l'instruction qui eut lieu dès le lendemain, deux hommes furent enfermés à la Bastille ; mais, suivant Benoit, qui nous fournit tous ces détails, ils y restèrent peu de temps.

A l'époque où nous sommes parvenus, Louis XIV accumulait contre les protestants les édits et les arrêts avec une persévérance tracassière indigne de son caractère et de sa puissance.

Un de ces arrêts ordonnait que les bancs de distinction qui se trouvaient alors dans les temples protestants fussent détruits au plus tôt. Le sieur Hottmann, chargé d'en assurer l'exécution, écrit au marquis de Châteauneuf : « Comme le temple de Charenton mérite une attention particulière, j'en ai fait faire une carte qui marque la situation et la distinction de tous les bancs par relation et une table alphabétique qui y est jointe, dont j'ai fait sur le lieu une exacte vérification. » Le procès-verbal d'Hottmann, qui accompagne cette lettre, nous apprend qu'il fit sa visite le 11 avril 1679 en présence de Claude, et nous fait connaître les inscriptions suivantes qui se trouvaient sur les bancs du temple.

Pour les princes étrangers.
Pour les ambassadeurs de la Grande-Bretagne.
Pour MM. les conseillers.
Pour MM. les ambassadeurs d'Holande (sic).
Pour MM. les ambassadeurs de la république suisse, et pour l'agent de Genève.
Pour les ambassadeurs et princes d'Allemagne.
Pour MM. d'Hervart.
Pour M. de Lorme.

Il y avait, en outre, des bancs sans inscription, mais qui cependant étaient habituellement réservés à des personnes considérables, dont les noms sont rapportés dans ce procès-verbal. On y voit figurer MM^mes de Tarente, de Rohan, de La Force, de Schomberg, de Duras, de Roye ; MM. de Ruvigny et de La Force.

Quelques années plus tard eut lieu à Charenton la signification de l'avertissement pastoral du clergé de France. Nous en avons trouvé le procès-verbal aux archives.

« L'an mil six cent quatre-vingt-deux, le dimanche vingtième jour de septembre, nous Jean-Jacques Charron, chevalier, conseiller du roy en ses conseils, maistre des requestes ordinaire de son hostel, surintendant des finances, domaines et affaires de la reyne, intendant de la généralité de Paris, suivant l'ordre du roy nous sommes transportez en la paroisse de Charenton, accompagnez de M⁰ Nicolas Cheron, official de Monsieur l'archevesque de Paris, de M⁰ Denis Coignet, docteur de la maison de Sorbonne, curé de Saint-Laurent, et de M⁰ Léonard de Lamet, docteur de la maison et société de Navarre, curé de Saint-Eustache, et estant entrez dans la seconde cour du consistoire, des ministres et antiens (sic) sont venus nous recevoir en descendant de nostre carrosse et nous ont conduit dans la chambre où se tient ordinairement le consistoire, où il y avoit une table couverte d'un tapis verd, devant laquelle estoit le ministre Claude et le sieur Papillon, un des antiens, assis sur des chaises, lesquels se sont levez lorsque nous sommes entrez et ayant pris les places qui nous estoient destinées à la droite de la table, deux autres ministres et plusieurs antiens estant assis tout autour de la chambre, nous leur avons dit que le roy nous avoit commandé de venir pour estre présents à la lecture et à la signification qui devoit leur estre faite de l'avertissement pastoral que messieurs les députez de l'assemblée généralle du clergé de France avoient dressé, dont la lecture et l'explication leur devoit estre faite par le sieur official. »

La réponse que fit Claude est courte, surtout si l'on en retranche les compliments et les protestations de fidélité. Elle ne contient d'important que ceci :

« Pour l'escrit, comme il est publié dans le monde..... nous ne pouvons le regarder en nulle manière comme un acte qui suppose que ces messieurs ayent quelque authorité sur nous pour les choses de foy, de religion ou de discipline; si c'est un office de charité, nous y répondrons par des désirs et des vœux réciproques et par des prières à Dieu. »

M. l'official parla plus longtemps; après avoir expliqué comment l'assemblée générale du clergé de France avait chargé l'archevêque d'aviser aux moyens de les réunir à la véritable Eglise :

« Ce prélat, dit-il, a cru qu'il falloit... vous demander la cause de vostre séparation dans un esprit de douceur et de charité avec la mesme instance néantmoins que saint Paul ordonne à Timothée, par le Seigneur qui jugera les vivants et les morts, de presser les hommes qui ne sont pas dans la voye de salut, et de les reprendre fortement en toute patience et doctrine. Il a cru aussy qu'il estoit nécessaire de prendre l'esprit de Jésus-Christ, et, suivant son exemple, vous venir chercher, vous exhorter, vous solliciter, vous presser, vous forcer mesme par les saintes violences de la charité dont le fils de Dieu parle dans l'Evangile, pour vous réunir à l'Eglise romaine qui subsiste depuis les apostres dans toute la pureté de la doctrine…. »

« Son discours estant fini, il a fait la lecture de l'avertissement pastoral en latin, sur la fin duquel nous avons entendu que l'on chantoit un pseaume dans le presche qui est proche le consistoire, qui empeschoit d'entendre la lecture; c'est pourquoy nous avons ordonné aux ministres et antiens de faire cesser le chant, et sur la remonstrance qu'il nous ont faite que c'estoit l'heure de chanter ce pseaume, lequel estoit fort court, et que l'on avoit accoustumé d'en user ainsi après le presche, que mesme ils estoient fachez de ce rencontre, nous avons trouvé à propos de diférer la lecture, et le sieur de Bouilly, un des antiens, estant sorti par nostre ordre est allé empescher que l'on en chantast d'autres. Trois autres antiens s'estant levez pour aller recevoir les aumosnes de ceux qui sortent du presche, nous leur avons dit de demeurer, et ils ont aussitost repris leurs places. Le pseaume estant fini, la lecture a esté continuée tant en latin qu'en françois; cette lecture faite, le ministre Claude s'est levé et nous a dit que nous voyons jusqu'où va le respect très-profond qu'ils ont pour le roy et leur parfaite obéissance, puisqu'ils font aujourd'huy à Sa Majesté un sacrifice d'affliction et d'amertume. Ce fait, le sieur official a donné entre les mains du ministre Claude, une copie de l'avertissement pastoral au bas duquel est l'acte de publication et signification, et ensuite on en a distribué à tous les autres ministres, aux antiens et autres du consistoire, nous sommes entrez dans le temple avec les ministres et antiens, nous y avons fait distribuer un grand nombre d'exemplaires de l'avertissement pastoral au peuple que nous y avons trouvé qui y estoit en grand nombre. Ensuite les ministres et antiens nous ont conduits jusqu'au mesme lieu où ils nous avoient receus. Dont nous avons dressé le présent procès-verbal pour estre par nous envoyé à Sa Majesté. »

Il ne pouvait plus être sérieusement question de controverse ; tout le monde sentait qu'un coup décisif allait être frappé, et qu'une mesure générale viendrait atteindre le temple de Charenton, dont l'importance s'était accrue chaque jour par la suppression de la plupart des autres Églises réformées. Les habitants des provinces y affluaient pour assister aux cérémonies du culte, et surtout pour célébrer les mariages qui ne pouvaient plus avoir lieu ailleurs. Le 15 octobre un ordre du roi leur prescrivit de regagner leurs demeures sans délai ; enfin le 18, un édit qui révoquait celui de Nantes fut publié au sceau à Fontainebleau. Il ordonnait la suppression du culte protestant en France, et la démolition de tous les temples.

La destruction de celui de Charenton fut considérée comme une sorte de symbole matériel de l'exécution de cette mesure ; c'est ce qui explique pourquoi on recueillit avec tant de soin jusqu'aux moindres circonstances de ce fait. Le *Mercure* raconte en ces termes la manière dont il s'est passé.

« Le lundy vingt deuxième d'octobre 1685, l'édit... fut vérifié au parlement. La veille de cette vérification estoit un dimanche, et le ministre Claude devoit prescher ce jour-là, suivant l'ordre étably entre les ministres de Paris de faire le presche chacun à leur tour. Ce ministre ayant sceu ce qui se devoit passer le lendemain au parlement, crut que non-seulement il ne faloit point prescher la veille d'une journée si glorieuse pour le roy et si funeste à l'hérésie, mais qu'on ne devoit pas mesme s'assembler à Charanton pour y faire aucun exercice ny tenir aucune assemblée. Il envoya pour cet effet, la nuit du samedy au dimanche, ordre aux portiers du temple d'en tenir les portes fermées, et d'aller sur les routes dès le grand matin, afin d'avertir les religionnaires qu'il n'y auroit point de prédication et de leur dire de s'en retourner. Ces grandes nouvelles s'estant répandues parmy le peuple de l'une et de l'autre religion, la curiosité

en attira une si grande foule sur les chemins, qu'on en auroit dû craindre quelques suites dangereuses, si M. de la
Reynie, qui prévoit à tout, et qui n'attend pas que le mal
soit arrivé pour y remédier, n'y eust mis ordre, en choisis-
sant M. le commissaire Labbé pour veiller à tout ce qui se
passeroit, et pour prendre garde que les catholiques et les
religionnaires, qui estoient en grand nombre, tant à Charanton que sur les chemins et à la porte et au fauxbourg
Saint-Antoine, n'eussent ensemble quelques paroles qui au-
roient pu causer de plus grands démelez. Ce sage et prévoyant magistrat, poussant ses soins encore plus loin, envoya
des brigades de M. le prévost de l'Isle sur les chemins, pendant que d'autres brigades de M. le chevalier du guet fai-
soient la ronde dans le fauxbourg Saint-Antoine, ce qui eut
un si heureux succès, que tout le monde fut extrêmement
surpris de trouver tant de tranquillité dans un quartier où
l'on avoit lieu de craindre que l'émotion ne fust grande. Le
lendemain lundy, l'édit de Nantes ayant été révoqué, M. le
lieutenant général de police donna ordre à MM les com-
missaires de la Mare, le Page, et Labbé, de faire travailler à
la démolition du temple de Charanton, de s'emparer des registres du consistoire, et de faire sur les lieux tout ce qu'ils
trouveroient à propos, et qui dépendroit de leur ministère,
ce qu'ils exécutèrent avec autant de prudence que de ponc-
tualité. Il arriva donc sur le soir cinquante compagnons me-
nuisiers, qui, animez du zèle de la religion, entrèrent dans
le temple, et en enlevèrent, en quatre ou cinq heures, toute
la menuiserie et tous les bancs, sur lesquels il y avoit place
pour quatorze mille personnes.

Le lendemain mardy, quarante compagnons couvreurs travaillèrent dès le matin, et la diligence qu'ils firent fut si
grande, qu'une partie du temple se trouva découverte dans
la mesme matinée; ce qui donna lieu à MM. Herbet, le Roy
et Guezard, qui avoient esté choisis pour la démolition de
ce temple, de faire monter les charpentiers, maçons, plom-
biers et autres ouvriers nécessaires. Ils travaillèrent avec
tant d'ardeur, que le temple auroit esté razé en deux jours,

si la couverture de la charpente n'eust point esté double. Il fallut l'enlever à force d'hommes, qui en sapoient les assemblages, et qui les laissoient tomber à terre, ce qui dura trois jours. Le tout fut entièrement détruit en cinq, et le samedy au soir à peine pouvoit-on reconnoistre la place sur laquelle ce fameux temple avoit esté élevé, la plupart des matéreaux (*sic*) ayant esté enlevez pour l'Hôpital général, à qui ils avoient esté donnez par Sa Majesté.

M. de la Reynie, prévoyant qu'un spectacle pareil attireroit tout Paris, fit tenir à Charanton, pendant la démolition de ce temple, des brigades de M. le chevalier du guet et de M. le prévost de l'Isle, pour empescher le désordre qui auroit pu estre causé par le trop grand nombre de spectateurs. En effet, tout Paris voulut estre témoin de la destruction d'un édifice qui servoit de trône à l'hérésie. Ce grand ouvrage estant achevé, ceux qui en avoient la conduite remarquèrent avec étonnement qu'il n'y avoit eu aucun ouvrier de blessé, quoy qu'ils eussent tous travaillé avec une activité inconcevable, et qu'ils eussent esté plusieurs fois en péril, tant à cause de la chute des matéreaux, à laquelle ils estoient souvent exposez, et qui tomboient en confusion, que parce que leur zèle les emportoit souvent dans des endroits extrêmement périlleux. »

Il était enjoint, sous peine des galères, à tous les ministres qui ne voudraient pas se convertir, de sortir de France quinze jours après la publication de l'édit, et de ne faire pendant ce temps « aucun prêche, exhortation ni autre fonction. »

Claude seul fut, à cause de son mérite et de son influence, traité tout à la fois avec plus d'égards et plus de rigueur. On trouve à la bibliothèque impériale, dans les papiers de la Reynie, la lettre suivante, qui donne de curieux détails sur la manière dont s'effectua son départ :

« De par le roy, il est ordonné à La Guerre, valet de pied de Sa Majesté, de se transporter incessamment dans la maison du sieur Claude, ci-devant ministre de la R. P. R. à Charanton, et de lui faire commandement de la part de Sa Majesté de sortir de la ville de Paris dans les vingt-quatre heures, au plus tard, pour se retirer incessamment hors du royaume, à l'effet de quoi le dict La Guerre l'accompagnera jusques sur la frontière par laquelle il désirera de sortir. Fait à Fontainebleau, le xxie octobre 1685. Signé Louis et plus bas Colbert, et scellé du cachet de Sa Majesté. »

Claude ne pouvait hésiter sur le lieu de sa retraite ; il se rendit à La Haye, où son fils était ministre.

« Son nom, qui marchoit devant lui, dit pompeusement Ladevèze, lui attira plusieurs honnêtetez dans son voyage. Il passa par Cambray, où il coucha ; il y fut régalé de quelques raffraîchissemens de la part des jésuites, le père recteur lui fit l'honneur de le venir voir, il répondit à cette civilité, et la diversité de religion n'interrompit pas ce commerce de complimens, et ces marques d'une estime réciproque. »

Dans son excellente *Histoire de la littérature française à l'étranger*, M. Sayous ajoute une circonstance fort importante à toutes celles que nous venons de rapporter d'après les récits des contemporains ; il dit en parlant de Claude :

« Avant de s'éloigner, sous la garde d'un valet de chambre du roi, qui avait ordre de ne pas le perdre de vue, ce grand pasteur prononça les derniers adieux à son Église et à son troupeau. Dans le trouble de sa douleur, il trouva les accents et les mouvements d'une éloquence qui ne s'étoit jamais rencontrée sur les lèvres du prédicateur. »

Ces quelques lignes paraissent avoir été écrites un peu trop légèrement, sous l'influence de l'enthousiasme, d'ailleurs fort légitime, inspiré à l'auteur par le morceau qu'il allait rapporter. Nous ne nous arrêterons pas au subit avancement de La Guerre, qui de valet de pied est tout à coup devenu valet de chambre, mais nous ne pouvons nous empêcher de remarquer l'invraisemblance du récit. Claude joue ici le rôle de l'opprimé des tragédies, qu'on n'entraîne jamais qu'après lui avoir laissé complaisamment débiter toute sa tirade. Si l'on hâtait si fort le départ de ce ministre, c'était apparemment pour l'empêcher de parler, et il n'est pas probable qu'au moment où l'on prenait à son égard des mesures d'une sévérité exceptionnelle, on lui ait accordé des libertés que ses confrères auraient payées des galères. Nous avons d'ailleurs des preuves beaucoup plus formelles de l'inexactitude de cette relation. Non-seulement Ladevèze, le biographe de Claude, qui nous fait connaître si minutieusement tous les détails du départ de son héros, et nous indique jusqu'aux endroits où on lui a offert des rafraîchissements, ne parle de rien de semblable ; mais il est tout à fait d'accord, quant au fond, avec la relation du *Mercure*, lorsqu'il nous raconte les mesures prises pour empêcher la réunion des protestants.

Comment croire que Claude, après s'être opposé à la prédication du dimanche lorsque l'édit n'était pas même publié, ait prêché le lundi sous la garde d'un valet de pied du roi? Où aurait-il trouvé un auditoire? Aurait-il fait appeler les protestants, inquiets et troublés, qui se rassemblaient alors sur la route de Charenton, lui qui, la veille, leur avait défendu de venir? On a beau chercher, on ne trouve dans tout cela que des invraisemblances.

Cependant le discours existe; mais il a paru en 1688, un an au moins après la mort de Claude. Le volume qui le renferme est intitulé : *La récompense du fidèle, et la condamnation des apostats, ou sermon sur Saint-Matth., chap. 10, vers. 32, 33. Avec la dernière exhortation que feu M. Claude fit à Charenton.*

L'exhortation est précédée de ce préambule, qui n'explique nullement les circonstances dans lesquelles elle aurait pu être prononcée :

« Mes frères bien aimez, vous avés souhaité cette exhortation, je vous la donne avec tous mes vœux. Elle fut conçuë
à la hâte, et dans le plus grand trouble de ma douleur :
mais comme je m'aperçûs par un torrent de larmes qu'elle
vous tira, qu'elle étoit bénite, je fis scrupule d'y rien changer. Ce n'est pas une explication régulière du texte : la douleur ne souffre pas l'art et la méthode. Ce sont les mouve-
mens de mon cœur navré de tristesse, et des conseils dont
je vous conjure de conserver la mémoire. »

Il est très-permis, selon nous, de douter de l'au-
thenticité de ce discours. Il semble si évident que
Claude n'a pas pris la parole avant de quitter Charenton, que ce morceau pourrait bien appartenir
plus nécessairement encore que ne l'a cru M. Sayous
à l'*Histoire de la littérature française à l'étranger*.
Le sujet était beau ; il aura tenté quelque réfugié de
talent qui se sera avisé, après la mort de Claude,
de composer cette éloquente exhortation. M. Sayous
vient d'y ajouter une mise en scène fort touchante,
c'est plus qu'il n'en faut pour en faire désormais une
vérité historique.

IV.

Après la destruction du temple de Charenton, on
vit paraître des apologies de toute nature. Ce n'était
que pièces de vers, devises, emblèmes en l'honneur
du roi. Une gravure fort rare, qui se trouve en tête
d'un almanach de 1686, et dont un exemplaire est
conservé à la Bibliothèque impériale, nous présente
l'aspect général du temple au moment de la démolition ; la cloche vient d'être descendue, et l'on com-
mence à enlever les tuiles ; dans une autre vue
le bâtiment est déjà entr'ouvert, et l'on aper-
çoit une partie des galeries intérieures. Celle-ci

n'a été gravée qu'en 1702, par Sébastien Leclerc, pour faire partie d'une collection appelée *les Petites conquêtes du roi*, et dans laquelle la destruction du temple de Charenton devait nécessairement avoir sa place. Il ne faut point se fier à cette gravure pour se faire une idée de la disposition intérieure ; on voit, au premier coup d'œil, que le dessinateur a cherché l'effet bien plus que l'exactitude.

Le second volume du *Mercure* du mois de février 1686 est uniquement consacré à l'événement dont nous nous occupons. On y trouve le récit que nous avons en partie reproduit, de nombreuses poésies à la louange du roi, et une sorte de *roman-feuilleton* intitulé : *Histoire singulière de deux amants, où, parmy les intrigues et les traverses de leur amour, on voit beaucoup de choses concernant la religion, traitées d'une manière aisée et intelligible à tout le monde.*

Ce fut sans doute dans les premiers jours de l'année 1686, qu'Eustache Lenoble, ancien procureur général au parlement de Metz, publia son poëme héroïque intitulé *Charanton ou l'Hérésie détruite*, car le permis d'imprimer est daté du 26 décembre 1685. La manière dont l'auteur termine son épître dédicatoire donne à penser que son dévouement était plus vif que désintéressé. « Que Vostre Majesté, dit-il, daigne donc recevoir cet épanchement de mon zèle et ce fruit d'une oisiveté qui finira si tost que vostre bonté roiale agréra de me tirer de l'inaction. »

Ce poëme n'a que six chants ; peut-être est-ce ce qui l'a empêché de réussir. A chaque instant, l'on y saisit au passage quelques-unes de ces imitations brutales qui séduisent toujours un peu la foule en réveillant forcément les souvenirs du collége avec assez de vivacité pour que chacun puisse se savoir gré de sa propre érudition.

Au premier chant, Henri IV apparaît pour donner à Louis XIV un conseil qui doit le surprendre ; il l'engage à révoquer l'édit de Nantes. Le second chant contient un récit de nos guerres de religion.

Dans le troisième, le *Démon d'erreur*, sous les traits de la mère de Claude, *au sépulcre arrachée*, vient encourager ce ministre à persévérer dans ses croyances. Le quatrième se compose de la description du temple de Charenton que nous avons déjà citée. Dans le cinquième, l'édit est scellé. Enfin, le sixième contient l'apparition de Gassion et la destruction du temple.

Le brave maréchal, mort le 2 octobre 1647 d'une blessure reçue cinq jours auparavant au siége de Lens, avait été inhumé dans le cimetière attenant au temple où un magnifique monument lui avait été élevé. Dans le poëme de Lenoble, il vient supplier le roi de conserver son tombeau. Cette évocation du poëte ne devait pas être fort agréable à Louis XIV. Il est vrai que l'illustre mort n'a rien de menaçant; il sait son monde et se conduit avec toute la politesse qu'on peut attendre d'un courtisan consommé :

> ..... L'ombre, avec respect, en terre prosternée
> Du marbre qui l'enferme attend la destinée.

Mais la réponse de Louis XIV serre le cœur :

> Sous mon ordre absolu, si ton marbre succombe,
> Tes exploits, à jamais affranchis de la tombe,
> Auront dans mon histoire un plus sûr monument
> Que celui que tu perds en ce fatal moment.

Il y a là, malgré le compliment, une véritable ingratitude. Rien n'était plus facile que d'enlever le corps de Gassion de ce cimetière avant la démolition du temple, et le roi ne pouvait y trouver nul inconvénient, car, le 22 octobre, il autorisait, à l'égard de Mme de Rohan, une mesure complétement semblable.

Quant au récit de la destruction du temple, il est de tout point conforme à celui du *Mercure*. L'auteur se plaît à peindre

..... Les foules accourues
Que le vaste Paris dégorgea de ses rues ;
....
Les uns couvrent le lit et les bords de la Seine,
D'autres, à tas confus, fourmillent dans la plaine.

La seule différence entre les deux relations est que dans celle-ci le *Démon d'Erreur* déchaîne les éléments contre les ouvriers ; mais un poëte épique, qui n'a pas trouvé à placer son orage et surtout son imitation du fameux *quos ego...*, est capable de tout, et nous nous en rapportons plus volontiers au *Mercure*, qui n'a nul intérêt à nous tromper et ne nous parle pas de la moindre averse.

Le plus curieux, c'est que, tandis qu'Eustache Lenoble montrait le diable appelant les tempêtes à son aide pour empêcher l'exécution des ordres du roi, les protestants publiaient une gravure représentant les *Suppôts de Satan assemblés pour la démolition du temple de Charenton*.

En ce qui concerne la régularité avec laquelle tout se passa, les diverses relations sont unanimes.

Aux actifs ouvriers le travail se divise,
Et tous pour le débris du temple condamné
Ont leur place marquée et leur soin assigné.

Nous insistons d'autant plus sur ce point qu'un des plus grands écrivains de nos jours a complétement méconnu le caractère de cet événement. Dans son *Voyage en Amérique*, Chateaubriand s'exprime ainsi : « Lors de la révocation de l'édit de Nantes, en 1685, la même populace du faubourg Saint-Antoine démolit le temple protestant à Charenton avec autant de zèle qu'elle dévasta l'église de Saint-Denis en 1793. » A Charenton, la foule regardait et approuvait, mais elle ne démolissait pas. Les ouvriers, nous l'avons vu, furent choisis dans les différents corps d'états ; ils travaillèrent sous les ordres des officiers du roi, et leur besogne dura cinq jours. On ne voit rien là qui permette de supposer une dévastation tumultueuse. Si la révocation de l'édit de Nantes a été une faute, ou du moins une erreur, il importe de reconnaître que l'exécution en a été légale ; un gouvernement régulier se faisant un auxiliaire de l'émeute eût paru quelque chose de monstrueux au 17° siècle, et jamais Louis XIV n'eût excité ou même toléré le mouvement populaire le plus favorable à sa politique.

Le poëme que nous venons d'analyser s'arrête à la destruction du temple ; si Eustache Lenoble l'eût composé quelques années plus tard, il aurait saisi avec empressement l'occasion de le terminer par une imitation de Virgile.

Les protestants fugitifs suivirent la touchante coutume de tous les exilés, ils eurent, comme Andromaque,

..... Parvam Trojam, simulataque magnis
Pergama...

Le 1er juin 1701, le prince royal de Prusse posa à Berlin, dans la Friedrichstadt, la première pierre d'un temple français qui ne fut achevé qu'en 1705. Il rappelait beaucoup celui de Charenton ; les réfugiés avaient voulu en posséder au moins l'image et consacrer ainsi, d'une manière durable, le souvenir de la patrie absente.

Typographie PANCKOUCKE, rue des Poitevins, 8.